# 접어두었던 기대

이의영 外

글핀샘문학회 엔솔로지 제25집

# 접어두었던 기대

이의영 外

글핀샘문학회

<발간사>

# 동인지 25호 발간에 즈음하여

이의영 회장

글핀샘문학회!

짧지 않은 25여년의 세월을 지내오며 여물어진 알토란 같은 글벗들의 모임! 그 문학회에 몸담고 여러 회원들과 한 뜻으로 한 곳을 바라보며 올 수 있었던 것 그것은 저에게 크나 큰 보람이었습니다.

시에서 삶의 의미를 찾는 글핀샘문학회!

그러한 회원들이 혼과 열정으로 쓴 글 한 편 한 편 모아 펴낸 동인지가 벌써 25호 째 결코 쉽지 않은 일을 우리 글핀샘 회원들은 이루어냈습니다. 참으로 장하고 뜻깊은 일이라 아니 할 수 없습니다. 이런 글핀샘 25사화집에 둔재인 제가 막중한 책임을 지고 인사의 말씀을 쓰려니 졸필이 우리의 사화집의 격을 떨어뜨릴까 걱정이 되어 몇 날을 망설이다 그것이 통례라는 회원님들의 권

고에 어렵사리 필을 들었습니다.

이 순간 글핀샘문학회 회원들의 얼굴을 한 사람 한 사람 떠올려 봅니다. 모두가 다정하고 정겨운 얼굴들 언제까지나 같이하고 싶은 우정의 글벗들입니다. 앞으로 더욱 끈끈한 정의 거미줄이 우리 글벗들 사이에 굵고 튼튼하게 드리워지고 더욱 아름답고 심금을 울리는 그런 훌륭한 글들을 쓰는 글벗들이 다들 되시길 빌어봅니다.

그러한 글벗들에 싸여 글벗들의 도움을 받으며 어깨를 겯고 같은 길을 걸어 갈 것을 생각하면 참으로 벅차고 즐거운 일이 아닐 수 없습니다.

사화 25집에 실릴 박희철 회장님의 글을 보니 회장님의 생각이 간절하군요. 계셨으면 얼마나 좋아 하셨을까 하지만 하늘나라에서도 우리의 발걸음을 보시며 박수를 보내시리라 믿으며 그리움을 달랩니다.

끝으로 이 사화집을 읽어 보시는 독자들께 깊은 감사 드리며 부족한 점에 대하여는 많은 지도와 격려를 부탁 드립니다. 흰 눈이 쌓이고 까치가 울면 태어날 우리의 분신을 벌써 기다리…….

2017년 겨울

글핀샘문학회 회장 이 의 영

CONTENTS



## 회원작품

## 박희철 시인 추모특집

유고시



추모시

# 김 • 영 • 숙

2006년 <한국농민문학> 시 등단
2015년 한국농민문학작가상 수상
한국농민문학회 부회장
한국현대시인협회 회원

시집 『잘못그린 그림』
『가까운 사람들』
『꽃향기 그 길에서』

☎ 010-2253-2387

## 도둑 외 6편

김 영 숙

맑은 가을 햇살이
내 양심을 꼬드겼다

장미아파트 담 밑으로 늘어진
줄기 끝에
반지르르한 애호박
그 달콤한 유혹

순간
뚝
땄다

그걸 들고 돌아서는데
경비아저씨가
바라보고 있다

확! 달아오르는 얼굴
엉망진창이 된 내 꼴
와 - 간절한 쥐구멍

# 이삿짐

몸뚱이는 하난데
사람 사는데 필요한 것들
짐을 내려놓으니
잡동사니가 산 만하다
그래서 잡동사니라 했겠다

버리고 또 버리고
밤낮으로 치우고 올려놓고 틈새마다 끼워 넣고
열 손가락 손끝이 다 닳았다

밥솥 하나 숟가락 하나 신발 한 켤레 옷 한 벌이면
될 것 같아도
산 세월만큼 너저분한 세간들
정리하고 나니 빈자리가 빼꼼이 내다본다

내다버린 것들 다시 주워와 먼지를 턴다
다 돈 주고 산 것인데
다 정주고 사랑하던 것들인데
우야꼬~~ 이 할마시 참말로 정도 많데이

# 무죄

늙지도 젊지도 않은 나이에
집지킴이 남자

아침 저녁 개밥 주고
개똥 치우고
천계닭 몇 마리 모이 주고도
하지夏至가 하루 지난 긴긴 날
시간이 너무도 지루히 남아돌면

갓 태어난 강아지 교육 시킨다고
막대기 들고 호령한다.
"앉아 ! 앉아!"

철없는 강아지 처음에는
뭘 주려나 하고 하얀 꼬리를 살랑살랑 흔든다
막대기를 지휘봉처럼 휘두르며 더 큰소리로
"앉아! 앉아!"

세상에 태어나서 앉아가 뭔지
그저 막대기 가는 곳만 쳐다보다가

머리를 한 대 얻어맞고
엉금엉금 기어서 엄마 곁으로 간다

# 꿈

난 매일 밤마다 꿈을 꾸어요
신내린 무당처럼
꿈이 딱 맞아떨어져요
어느 날은 아름다운 꽃을 보고
그날은 상쾌하고 기분이 좋아요

또 어느 날은 꿈이 희미해요
내 연인을 만난 것도 같은데
기억이 안 날 땐 자꾸 잠을 자 보아요
다시 꿈을 꾸려고

꿈은 내 마음대로 안 돼요
보고 싶은 사람 만나려고 생각하면서 잠을 자요
그래도 안 보여요

어느 날은
보고 싶은 사람이 말쑥하게 양복을 차려입고
돌아서서 가는 뒷모습만 봤어요
불길했어요
그 후로 소식이 없어요

저는 자꾸만 잠을 자요
혹시나 하고
신기神氣를 모아서 점을 쳐요
그리고 잠을 자요 꿈을 불러 들여요
아무리 애를 써도 내 뜻대로 안돼요

난 희망을 걸고
또 오늘 밤 잠을 자요
내 꿈을 주관하는 절대적 신이시여
당신 뜻대로 마시고 내 뜻대로 하소서

# 가을이 내 창 앞에서

까치가 반나절을 울고 갔습니다
이어서 산비둘기가
목을 놓고 갔습니다
그러나 오늘 아무 일도 일어나지 않았습니다
아무도 오는 사람이 없었습니다
교회당 불만 좀 전에 켜졌습니다
어둠이 내리고
한 발 물러선 하늘이 모시치마 같은 바람을
한 움큼 내게 들이밉니다
간을 봐달라는군요
올 가을 바람은
이만큼 달달하고 시원할 거라고요
"네, 인간이 뭘 압니까 죽으라면 죽고 살라면 사는 것이지요
죽을 것 같은 여름도 죽지 않고 살아남았는데
좀 좋겠어요
그러나 가을이 지나면 또 무엇이 오나요"

# 낙화

새벽 창밖
하얗게 내려앉은 꽃잎
매화의 세월 참 기막히다

핀 듯해
눈 한 번 감았을 뿐인데
마음 편히 한밤을 새웠을 뿐인데

그 가지 끝에
무게가 얼마나 된다고
그렇게도 바삐 털어버렸는가

실바람보다 얇은 꽃잎
아픈 숨결이
이 봄
아지랑이로 일렁이는 눈물
곱기도 하다

## 홍매

담
옆
눈 닦고 또 봐도 시침 뚝 떼고 서 있더니
무슨 변덕에
홍자색 꽃 숨듯 피어
할매 가슴으로 오나

오오냐
봄이 왔다꼬
그래, 그래 잘 들린다
이젠 나도 솜바지 벗을란다

# 김 · 용 · 언

한국현대시인협회 이사장
전 한국시문학회 이사장
전 한국문인협회 시분과 회장
시집 『사막여행』 6권 등

☎ 010-4323-0093

## 알라스카에서 온 편지 외 6편

김 용 언

"잘 지내는지?"

"나도 그런대로 잘 지내고 있구나."

영하 50도를 넘나드는 알래스카에서 배달된 냉동 낱말들이 달그락거린다

고향 등질 때 털어버리지 못한 그리움의 조각들이 꽁꽁 얼어서 배달되었다

고드름 같은 언어에서 온기를 느끼는 나는 억척스럽게도 그를 가슴에 품었었나 보구나

물개 털 파커를 입고도 추워서 오리털 이불을 덮고 지낸다는 그는 추위보다 더 무서운 건 바람이라 했다

어릴 때 상처 난 손등에 불어주던 내 입김이 오십 년 지난 지금도 회오리바람으로 어지럽다 했다

한때지만 사랑했었다는 말이 숨어있을 것 같아 되짚어 읽어보지만

"잘 있느냐, 나도 잘 있다"가 전부이구나

묵은 장처럼 사랑도 곰삭으면 병이 되는지 "그런대로 잘 지낸다"는 말 한 마디 마음에 걸려

읽었던 문장을 읽고 또 읽어야만 했다

혹시 편지 끝자락에 한 점 숨어 있을 듯한 사랑, 반백이 된 나이에 숨길 것도 없는 데 따끈한 말이 그리 듣고 싶을까

시 몇 백 편을 썼어도 애송시 한 편 못 쓴 어줍지 않은 시인이
손 흔들며 떠난 사람에게서 사랑이란 낱말을 기대하는 어리석은 나는 아무리 생각해 봐도 너무 착한 것 같구나

아마도 내일과 모레도 냉동된 낱말을 입김으로 녹이며 혹시나 숨어 있을 듯한 사랑을 찾고 또 찾아볼 것만 같구나

# 이상한 도시

채소를 기르기 시작했다
땅에 뿌리 내리기를 거부하는 채소들을 모아 벽에 심었다
벽에서 자라는 채소들은 햇빛을 거부하기에 차양막도 설치했다
모든 벽이 밭으로 변했다 햇빛이 들지 않는 북쪽 벽이 제격이었다

벽 한쪽에는 시계도 걸어놓았다
오른 쪽에서 왼 쪽으로 도는 시계였고 시침도 분침도 없는 시계가 어울렸다
채소들은 어둠을 먹고 자랐다 뿌리 없이 공중에 매달려 자란 채소는 불티나게 팔려나갔다
모두 이상기온 탓이라 했다
벽에서 기른 채소를 먹은 사람들은 모두 벽을 쌓기 시작했다
도시 곳곳에 벽이 세워지더니 수없이 많은 골목이 생겨났다
골목이 생기자 어둠이 만들어지고 끊임없이 어둠을 좋아하는 채소들이 재배되었다

사람들은 드디어 벽을 사랑하기 시작했고 도시 전체에는 벽이 세워지고 어둠은 도시를 점령해버렸다

역시, 어둠은 빛보다 아름다웠다

# 기절초풍집

우리는 흥분해 있었다

정책적으로 자행된 예술인의 블랙리스트 문제도 그렇고, 먼 앞날을 내다보지 못하고 지협적인 원한 문제로 일본과의 마찰을 빚는 문제도 그렇고

일제 청산이라는 이유로 문학적인 공헌도와 문학적 업적을 정치적인 논리로 매도하려는 문제도 그렇고

사상범이나 양심수들을 재판도 없이 감금하고 있는 문제도 그렇고

생각하면 생각할수록 울화통이 터지는 사건들이다

용기 없는 우리들은 격론을 벌이다가 울분을 되새기지 못하고, 서울 중구 인현동 시장통으로 발을 옮겼다

2만원이면 넷이 배 두들이며 먹을 수 있다는 '기절초풍집'에 도착했다

열 명이 들어가면 만원이 되는 주점은 건물을 지은 지 백 년이 된다 하였고 주모는 사십 년 같은 자리를 지키고 있다고 한다

음식 맛도 그럴 듯 했지만 주모의 구수한 농담이 연륜을 말해주고 있었다

막걸리 서너 병과 푸짐한 안주로 배를 채운 우리는 적폐청산을 해야 하는 까닭을 되새김질하여야 했다

# 주말에는 커피를 마신다

토요일을 우요일이라 하는 게 좋을 정도로 토요일 오후만 되면 비가 내린다

체질상 커피를 마시면 잠을 못자는 데 비 오는 날이면 커피가 당겨 잠을 설치기 일쑤다

오늘도 물안개 산을 기어오르는 걸 바라보자니 김이 모락모락 나는 커피 잔이 아른거렸다

어제 김장용 무 씨앗 뿌리기를 잘했다는 생각을 했다

빗소리가 후각과 미각을 자극했는지 커피 생각이 간절했다

물을 끓인다

커피를 내린다

서재에서 낡은 시집 한 권을 꺼내왔다

곰팡이 냄새가 나는 듯한 시집과 커피 잔에서 솟아오르는 김이 믹스된다

소식 끊어졌던 친구 생각이 난다

어쩔 수 없이 손을 놓아버렸던 첫사랑 생각도 난다

수많은 상념들이 빗소리에 떠내려간다

빗소리가 아니라 물소리에 떠내려간다. 주말마다

귀신처럼 알아차리고 내리는 비

나는 주말 마다 커피를 마시게 되고 수많은 추억들을 촉촉이 적시고 있다

## 고독사孤獨死

마포대교 밑을 관통하는 가을 강바람은 거센데
다리 난간을 잡은 여인은 꼼짝 않고 시퍼런 강물을 응시한다
치마를 흔들던 바람이 긴 머리카락을 무식하게 흩뜨려 놓는다

여인이 신발을 벗어 가지런히 놓는다
심호흡을 한다
오픈카를 몰고 지나던 젊은이가 휘파람을 날린다
휘파람소리가 교각 난간에 부딪쳐 쇳소리로 바뀐다

여인이 흔들렸다
낙하하는 산벚꽃잎 같다
무심한 사람들은 몰려와 웅성거리고 호각소리 요란하다
정적의 시간이 흐르자 호기심을 품고 몰려 왔던 군중들의
눈과 귀를 만족시킨 후 모두 자리를 뜬다

아마도 군중들은 간식을 먹듯 투신자살 뉴스 조간 뉴스를 즐길 것이고

마포대교 위에는 차도 사람도 다리 밑을 지나는 강물도 무심히 흘러갈 게다

어쩌면 내일도 또 다른 외로움 하나
대교 난간을 붙잡고 나풀거리는 꽃잎으로 변할지도 모를 일이다

## 목혼木魂을 위로하다

우리 집 앞뜰에는 미운 오리 새끼를 닮은 나무가 있답니다

수령 40년 된 산벚꽃나무! 사월 중순이면 하얗게 핀 벚꽃이 환상적이지요

한참 나이인데 어르신 흉내를 내는지 봄이 오기도 전에 꽃을 피우고

삼복지절에 단풍이 들고 잎을 떨구곤 합니다

조경사의 의견을 들으니 조로증에 걸렸다 하기에 밑거름도 듬뿍 주고 칼슘 부족인 것 같아 칼슘을 엽면 살포도 하였건만 백약이 무효입니다

그런가 하면 요절한 감나무도 있습니다

수령 20년 된 토종 감나무입니다

외지에서 수입한 감나무는 기후 탓으로 식수하는 족족 얼어 죽기에 이곳에서 자생하던 토종 감나무를 구입해 심었습니다

년 전에는 감이 무려 세 접이나 열려 무게를 감당하지 못해 가지가 찢어졌던 나무였습니다

깃털 빠진 수탉을 보는 듯 했지요 초여름에 꽃을 제법 피우고, 여름이 깊어지자 시들시들하더니 이승을 서둘러 떠나고 말았습니다

요절한 이상[1] 시인이 생각나기에 목혼을 위로해주는 마음으로 앙상해진 가지 위에 등을 달아주었습니다

나무와 의사소통이 안 되기에 이승을 서둘러 떠나는 이유를 묻지 못했지요

조로증에 걸린 나무와 요절한 나무에게 미안한 생각이 들었습니다

그들의 고민을 들어주지 못하는 어리석음

장마철인 오늘, 도포 위에 낙엽이 달라 붙어 애잔한 생각이 들었습니다

차마 밟고 지날 수 없어 길을 빗겨 걸어야만 했지요

1) 본명은 김해경

## 간을 맞추다

간간한 바람이 불기 시작하면 사람들은 적당히 외로워지기 시작하고
풀과 나무들은 제가 서 있는 자리를 돌아보게 된다.
어머니가 손맛을 내듯 사람들은 외로움으로 삶의 간을 맞추고 있다

어머니의 간 맞추기는 사랑을 만들고
짜지도 싱겁지도 않게 버무리는 어머니의 손은 마음가락이었다

가을이 깊어 가면 바람도 짭짤한 바다 맛이 돌기 시작한다
숲은 술렁거리며 하늘로 오르고
사람들은 외투 깃을 여미어 허전한 가슴을 덮기 시작한다

몇 십 년 동안 외로워지기 위해 노력했지만
외로움으로 맞춘 나의 삶은 언제나 짜거나 싱거웠다
얼마나 더 살아야 내 삶의 간을 적절히 맞출 수 있을는지

나는 가을의 길목에서
또다시 적당히 외로워지려는 연습을 시도하고 있다

# 김 · 윤 · 경

한국현대시인협회 간사
글핀셈문학회 회원
구리시 여성합창단 단원

☎ 010-8978-5656

## 선물 외 6편

김 윤 경

어둠에 몸을 기대면 욱신거리던 삶의 응어리 달걀 풀어지듯 풀어진다. 긴 터널의 끝을 찾아 헤매던 외로움도 잠시 옆에 눕힌다. 눈앞에 집시의 한 맺힌 몸짓언어가 거리에 지문으로 남고, 매일 밤 삼중커튼을 치고 빛의 티끌 하나 허락지 않는 창마다 재봉질한 후 암흑의 세계에 빠져든다. 심장이 녹도록 오지 않는 계절은 네 가슴 언저리를 배회하더니 시름시름 희망이 없는 침대에서 뼈를 맞춘다. 머리가 잘린 사랑이 습관처럼 뒹구는 방. 본능의 시간은 흐르고 허기진 배를 채우는 빵과 커피가 허공에 떠다닌다. 지금까지 마신 커피는 강물이 되어 흐르고 독한 위스키에 영혼을 팔든 젊음은 어디로 갔을까? 떼 지어 다니는 나비와 나방과 이름 모를 철새 뒤를 따르는 가여운 여자. 날개들이 몸살을 앓는 하늘은 언제나 떠나려는 자들의 대기실이다. 용기를 내 보지만 문이 없어 나갈 수가 없는 상자. 더 이상의 희망은 보이지 않는다. 허락된 것이 있다면 자유로운 생각뿐. 나무, 집, 세상 모든 것이 다 얼어 손가락만 희미하게 움직인다. 손끝으로 노래하고 손끝으로 밥을 먹고 손끝으로 숨 쉬는 연습을 한다. 그리고 손끝으로 운다. 암흑 속 사랑은 볼 수도 만질 수도 없다. 안고 싶다 사랑. 신이 주신 선물 손끝.

## 도둑처럼 찾아온 밤

언덕은 일 년 내내 겨울만 계속되었다
조금씩 얼음이 녹아가고 질척한 땅은
수분을 흡수 못한 채
해독할 수 없는 발자국을 남긴다
잠에서 깨어난 수많은 다른 눈[眼]이
살랑거리며 허공을 날아다니고
슬픈 눈발을 맞으며 서성거린다
여러 밤이 도둑처럼 찾아와
성에 낀 창틀을 만지작거리다
어디에도 없는 흰 새털구름을 찾아나선다
마을 아래는 들꽃들이 하나 둘 피어나고
아직 찾지 못한 눈동자 하나
눈사람 얼굴에 날아가 붙는다
찰나 내리는 수천의 눈 뭉치들이
괴력의 회오리바람 속으로 빨려 들어가
전설 속 설인이 눈[眼]들을 안고
설국으로 사라진다

# 그림자

등 뒤에서 누군가 조종을 한다
남기고 싶지 않은 거죽에
신기루 같은 숨을 입히고 있다
세상이 미쳐서 날뛰던 틈 사이를 사모한 죄는
색의 선명함을 빼앗아 늘 잿빛 투성이다
멀리서 걸어오는 한 사람
키만 키우는 일몰을 메고
반반한 얼굴을 찾아 사구를 헤맨다
성난 바람이 그림자를 덮어 흔적을 지운다
오늘도 너를 찾아 길을 나선다
조건은 빛과 등을 소유해야만 한다
두루뭉술한 것이 뒤통수를 친다
무언가 스쳐지나가는 것만 같다
네 모습을 언제쯤 볼 수 있을까
또렷한 내가 아닌 네가 그립다

# 넝쿨

숲은 유괴의 흔적을 감추고 달아난다
물렁물렁한 공기 이유 없이 감싸 안아
위를 향해 미친 듯 포효하는 넝쿨들
봄부터 가을까지 덧칠한 세월
산을 뒤덮는 이유는 무엇일까
사력을 다해 번식하는 무성한 잎의 유희는
진행형으로 올라만 간다
네 발을 본 적이 없다
밀가루 반죽 같은 울창한 옷 걸치고
넝쿨 안에 집 한 채 짓는다
비밀번호는 ㅂ ㅇ ㄱ
에메랄드빛 카펫이 깔린 골방
책받침만한 창 하나 만들어
음지의 정원을 바라본다
뿌리는 멈춘 시간을 더듬고
층 쌓인 먼지 틈으로
스멀거리며 기어가는 기억
추위가 휘몰아치면 앙상한 뼈만
나무에 뒤엉켜 압축된 채
꿈꿨던 포근함 골바람과 함께 사라진다

# 프리즘

안개가 모든 것을 삼키는 황야
한 여자 문을 열고 들어간다
뼈마디가 시린 벽은 유리로 둘러있어
밤이면 걸어가는 풀들의 행렬이 고요해질 때
룸바를 추는 그녀
1, 2, 3, 4,　1, 2, 3, 4…
어둠 속 바비인형 같은 다리
누군가 가만히 뒤를 돌아보고
부드러운 바람이 그림자를 데리고 간다
보랏빛 상처를 재우는 묵은 달이
창공에 보석 같은 빛을 뿌린다
신기루가 눈을 감고 멀리멀리 사라져간다

# 웅달

진눈깨비가 샐그러지게 내린다
말없이 바라보는 언덕 능에 집 한 채
덜컹거리는 창문에 낙엽 하나
모빌처럼 매달려 2월을 갈무리한다
일 년의 반은 잿빛으로
스산한 기운이 땅속으로 들어가
여러 개의 싱크홀을 만든다
어둠에 길든 부엉이의
슬픈 눈빛이 더욱 또렷이 빛날 즈음
계절은 등 떠밀며 광휘를 꿈꾼다
손을 대면 선명해지는
우리의 지난 삶이 차곡차곡 쌓여
저 너머 아지랑이로 피어오른다
허공을 얼마나 보았던가
마르지 않은 머리 쓰다듬으며
강물은 흘러가는데
언제쯤 가둔 웅달을 꺼내어
비탈진 길 위에 펼쳐놓을 수 있을까?

# 산수유

아무도 찾지 않는 저 너머
겨우내 눈만 풀풀 내리더니

노오란 연심
달래느라 야위었구나

봄에 온다는 언약 지키려
폭죽처럼 피어나는 너

# 김 • 천 • 수

한국문인협회 회원
한국사진작가협회 회원

☎ 010-8934-4691

# 개가 주었던 꿈 외 6편

김 천 수

당치 않은 일로
온 힘을 다해서
뛰고 또 뛰어

숨이 턱 밑까지 차건만
바람이 발목을 잡아
조바심만 뛰었다

답답함에
뒤를 돌아보면

사실인 듯
잘못됐다는 일로
간밤엔 입대를 또 했었다

## 자작나무야

설렘을 안고 가는 소풍
유리창 너머에서
붉은 이글거림이 웃고 있다

방글방글 아침을 여는
부지런한 발걸음

숨을 크게 쉬어서
소용도 없는 흥분을 감추고
붉은 웃음을 가득 담는다

온몸에 채워지는 따듯함
눈 덮인 초원으로 가는 길
하얀 겨울을 입은 자작나무야

내 어서 가서
너를 꼭 안아주어
말의 숨소리가 나오도록 하련다

# 나무야

나무야 너 바람을 무서워하면
거기 서서 울게 될 거야

서리가 녹기도 전에
새싹이 트여
여린 몸 작은 잎사귀로 서서

따가운 햇살
목 타는 갈증도 참아냈고
번개와 폭풍우가 무서운 밤이어도
아침이면 환한 빛이 찾아왔으니

이제는 스스로 굵은 뿌리
대지에 깊게 뻗어
낙엽이 지면 어떻고
겨울이면 무엇이 무서우리

때로는 외롭고 쓸쓸하겠지
몸 떨리는 겨울이 있어서
봄날 가지에 잎이 피어나듯

따듯한 날에는 꽃이 향기로울 거야

나무야 너 바람 무섭지 않으니
거기 서서 웃게 될 거야

## 말들의 아침

밤을 덮어주던 된추위가
뒤척이는 고단한 초원을
말들의 발굽이 흔들어 깨운다

햇살이 퍼져오는 넓은 눈밭
둘 셋이 모여 목을 비비는
수백의 말들은
하루를 여는 언덕에 오르고

밤새 별빛과 찬바람이
자고 나간
자작나무 목말을 탄
까치집

말무리가 하루를 여는 먼지바람
넓은 대지 위에서 갈기가 파도를 타고
숨소리 거칠게 피어올라
웅장한 북소리로 하늘을 울린다

# 시를 배운다

오랜만에 보는 밝은 친구
어디서 들었는지
너 글 쓴다며 던진 말
웃으며 말없이 걷는 말레이시아

글자로 시를 쓰니
음 그래야지
진짜 문자로 쓰는 거야

투명한 물음과
호기심 가득한 진지한 눈길
정원에 붉은 꽃잎이
돌아서서 웃는다

웃음기 머물고 쳐다보는
궁금한 깊은 눈
마음 닿는 진솔로 쓰다가
애써서 그리지 않는 시를 배운다

# 쿠알라룸푸르

하늘빛 얼굴만한 창밖
어느새 짙은 노을이
졸음 찬 눈빛으로 지나간다

지루한 몸이
시침을 불러보지만
시계마저 눈을 감고 밤을 간다

일곱 시간 여의 육백칠십일 편
설렘만큼 지루한 시간
먼 길을 날아온 날개는
이국의 활주로를 걷는다

익숙하지 않은 향기와
늘어선 나뭇잎의 몸짓
전에 보지 못한 춤사위로 반긴다

밤이 깊어가는 쿠알라룸푸르
하늘 높이 밝혀둔 별빛 아래
고단한 우리를 안아주는

말레이시아의 환영은 푸른 밤이다

# 익숙한 듯

새벽이 웅크려 외면하는
영하 이십육도 돌 같은 고집
태양의 한 뼘 웃음에
가쁜 숨을 토하며 오른다

이제 이 길도 대륙의
깊은 곳을 걷는 길이 아닌
사람과 가축이 소풍 가는
눈에 익은 넓고 허허로운 길

밉상은 아닌 바람인데도
아는 척을 할 때는
모른다고도 싫다고도 할 수 없는
차갑고 생소하지 않은 손길

어느 산모퉁이 휘돌아
목장이 그려놓은 익숙한 평온
삼십여 마리 말들이 걸어와
힐끔힐끔 반가운 눈길로 본다

# 김 • 학 • 진

한국문인협회 회원
농민문학회 부회장
한국소설가협회 회원
유승규문학상, 농민문학상 수상
동화집 『푸른산 행복나라』 등

☎ 010-8881-2926

## 도둑 외 6편
- 코스코 창고 안의 쥐들

김 학 진

찍찍
모두 나갔군
이젠 우리들 세상

하루 종일 카터로 물건 나르더니
이젠 나갔군

수만 가지 모두 필요한 게지
여러 가지 가져가니
우린 참 편해 먹을 것만 있으면 되니까

야채 간은 왜 추울까
시들면 썩으니까 찬바람 내는 거지
히히 밤은 우리들 세상

여긴 고기 간, 옆은 곡식 간
우린 걱정 없어 쌓인 게 먹을 거니까
찍찍 행복해
코스코 창고는 밤마다 내 차지니까

# 누나의 꽃

정갈하고 순백의 꽃빛 구철초
누나의 마음 환하게 비춰주는 꽃

오월 단오에 다섯 마디 자라고
아홉 마디가 자라는 구절초

예쁜 누나 약
어릴 때 어머닌
시집간 누나가 오면

"애야 몸을 따듯하게 해야 한다"
꽃과 향기로 누나 마음 달래주어도
누나는 아기가 없었지요

선녀 같은 누나는
구철초도 소용이 없었지요

그런지가 햇수로
30년이 지났답니다

## 바다가 가지고 간 것들

바다가 안고 있는 게 많은데
모두 내 것이다

바닷물 속에 사는 고기도 바위도 모래도
항아리 같은 내 마음 속에 있다

햇빛이 나면 바닷물이 춤추며
해가 지면 말풀이 뜬다

해초들 사이로 고기들이 넘나들며
넓디넓은 공간에서 숨을 쉬며 논다

바다는 낙지 잡으러 간
내 동생도 품에 안았다

바다에 사는 물고기처럼 된 게다
땅이 좁았더냐 바다를 차지했게

우주 뒤 흐르는 바닷물 따라 다니니
무척이나 자유롭게 살고 싶었나 보다

## 우리 집
- 5살 때의 기억

우리 집은 당인리 발전소
언덕배기 초가집

사립문 비스듬히 열리고

안방 건넌방 마루가 있고
뒤꼍에 광이 있다

마루에 앉아
밖을 내다보면

푸른 한강 물
넓고 넓은 양말벌

엄마 아빠 일 나가고
빈집

앞마당에 앉아
햇빛을 보네

# 미륵님 시절

미륵님 시절

미륵님은 대식가로
불이 없어 생식을
했다

물과 불의 근원을
찾기로 했다

풀메뚜기를 잡아다
형틀에 올려놓고

무르팍을 때리면서
불과 물의 근원을
아느냐?

풀메뚜기가
밤이면
이슬 받아먹고
사는 짐승이 어찌

알겠습니까

풀개구리에게
알아보십시오

# 양화진의 봄

자 준비 되었다
내 목을 쳐라

눈 감아도
눈부신 하늘 길

젊은 피 강물에
흘린 김대건 신부

절두산에 선
순교성상

흐르는 강물 위
그의 얼굴 비추네

양화진의 봄

강 건너는 사람마다
십자가 손에 쥐네

# 야구공

빈 운동장 한가운데 버려진 공
힘찬 방망이에 맞아
하늘로 날아 함성 들었을 너
홀로 쓸쓸하구나

놀러 나온 아이들 장난감 될 거냐
경기가 벌어지는 날
하늘로 솟구칠 거냐
리버웨이브파크에 해가 기운다

# 박 • 강 • 남

한국문인협회 정보화 위원
한국현대시인협회 상임이사
영랑문학상 본상 수상
시집 『그리운 날에는 바람으로 살고 싶다』 외 3권

☎ 010-7266-8285

# 혼자 오지 않았다 외 6편

박 강 남

하늘이 갸르릉거릴 때마다
불꽃이 튀고
얼마 후
밧줄 같은 빗줄기가 내려온다

바람이 불 때
숲은 홀로 움직이지 않았고 고요하지도 않아
며칠 전 모내기 마친
찰방찰방한 논에 빗물이 더해진다

숲이 일렁거릴 때마다
소리가 크게 날아다녀
나뭇잎들 너울너울 산에도 흰 파도가 인다

숲의 팽창에
다람쥐 청설모 자취를 감추고
언덕을 바라보던 해당화 철없이 웃어

비 그치면
채화한 여름 타오르기 시작하겠다

초여름을 낚는다

# 과속으로 달려온

태양이 등에 내려앉은 듯 뜨거워
바다로 계곡으로 떠나가 도시가 헐렁하게 비어버린
여름의 절정
다급하고 세차게 온 산하를 두드리는
태풍이 멀어져간 후

삶이라는 긴 현에 슬어놓은 빗방울을
하릴없이 바라보며
가을을 만나는 사이

비 그치자
따가운 햇볕에 구워졌는지
며칠
다닥다닥 달라붙던 우울감이
거짓말처럼 녹아들었다

전 속력으로 달려온 7월은
폭염의 심장

여름이 과속으로 달려가고 있다

## 가을 기차는

꼬리지느러미를 흔들며
부드럽게 몸을 휘감아 도는 그녀를 보며
저렇게 살아야 한다고 탄성을 지르는 사이
안개 속에서도
지문 같은 길을 헤쳐 나가고

낮게 걸린 먹구름은
시린 이별을 한 누군가의 눈망울인 듯
톡 치면
주르륵 무너질 것 같아

살짝 몸을 틀어
좁은 암실로 들어가는
그녀의 모습을 본 게 마지막이었어

잠시
눈꺼풀이 내려앉는가 했더니
부산역에 도착한 그녀는
물고기 떼를 산란하듯
수없이 비늘을 쏟아내고 있었다

## 비 내리는 8월이 음악에 펄럭거려

첫눈처럼
포록포록 꽃송이 피어나
우련한 슬픔
세상 맑은 소리로 나를 이끄는

쇼팽의 야상곡 1번

입추 지나
한껏
초가을 우수와 만나다 보면
그리운 사람 뒷모습이 툭 걸어 나오고
휘잉 피잉
낙엽 날리는 소리 떠다녀

비 내리는 8월이 음악에 펄럭거린다

나는 온종일
그 음악을 폈다 갰다

폈다
갰다

# 햇볕을 쪼여주면

한밤중
여섯 살 서연이와 채널을 돌리다 만난
빈 필하모닉 오케스트라 신년음악회

바이올린 비올라 첼로
요한 슈트라우스 이야기를 들려주면
모래밭이 물을 흡수하듯 듣는 아이

처음 보는 황금홀은 영화보다 환희로워
나와 그 아인 눈을 떼지 못하고
내가 아는
레너드 번스타인 폰 카라얀 이후
가장 멋진 그 지휘자는
손짓 하나 얼굴 표정 모두 음악의 너름새다

햇볕을 쪼여주면 가지를 쭉 뻗는 아이
자연의 언어도 음악이기를

풍랑이나 눈보라를 피해야 할 변곡점에 있을 때
자연의 음악 안에 서 있기를

## 달이 돌아누운 그믐 무렵
- 봄의 선물

사막여우 같은 각시붓꽃이
꾸밈 꽃으로 찻잔에 떠있는 봄

구례 개양귀비 밭은 제주보다 넓어
5월 훈풍에 파르르 파르르 꽃물결 탄다

바람결 따라 흔들거리는
고들빼기가 안테나처럼 꽃대를 키우더니
넌출진 마파람을 말아올린다

나는
봄바람 부드러울 때
청보리밭
개양귀비꽃밭
날아다니는 꿈을 꾼다

홍점알락나비보다 더 가볍게

# 매미와 태양

- 꿈

한낮의 끝을 길게 끌어당긴다
아니다
폭염의 한낮이 뜨거운지
제 노래 소리가 뜨거운지 시합을 한다

긴 호흡으로 숨차게 노래를 하곤
짧게 들이쉰 후
다시
매 ~~~~~~~~~~~~~~~~~~~~~~~~~~~~~~앰

나는 시 한 편을 다 쓰도록
길게 당기는 저 팽팽함에 앉아 놀다
여름과 태양이 두 손 들어
멀리
가을 속으로 떠나는 꿈을 꾸었다

이 ◦ 명 ◦ 진

1999년 <뿌리문학> 등단
한국문인협회 회원
현 농민문학 사무국장

☎ 010-6255-9535

## 붉게 녹아내리는 말 외 6편

이 명 진

네가 건너온 강을
굳이 말하지 않아도
내 다 – 안다

너의 등을 쓸어내리며 고작 할 수 있는 말
내 다 – 안다

긴 겨울 달 심장 속에 묻고 살아온 날들
울어라
어깨를 내어주고
젖은 가슴끼리 맞대는 일
꼭 사랑이 아니어도 좋으니
나의 어깨에 기대어 마음껏 울어라

언 몸을 녹이며
붉게 녹아내리는 말
내 다 – 안다

# 응달 속에서도 피는 꽃

정오
마주보고 서 있는 것들을 가르는
음영의
금線
같은 햇살 아래
다른 무게의 내력들이 쌓여가는 그 고요를
찬찬히 읽어 가다보면
나의 그늘은 더 짙어지고 있었다

햇살이 쏟아지듯 전파는 무차별적으로 쏟아지고
TV속 채널마다
세상을 버린 빈 밥그릇들의 이야기와
수저에도 계급이 있다는 이야기들이 떠돌았지만
사람들은 더 이상
동정하지도 분노하지도 않았다
그렇게 세상은 구분지어 길들여지는 듯 보였지만
마천루 맨 밑 쪽진 응달에
해를 바꾸자고 점점이 모여드는
노란 민들레 송이송이가
광화문 가슴으로 번지고 있는 것을 보았다

# 꿈

잘 다독여 묻어두었네
어두운 봄을 지날 때마다
그 끝자락을 잡고 놓지 못하는
물 빠진 청바지처럼
시간의 바퀴에 헤져버린 조각이여!

# 잃어버린 선물

가로수 사이로 걸린 현수막에
시선을 잡아 세우는 큼직한 글씨

“실종된 선물을 꼭 좀 찾아주세요”

‘꼭 좀’이라는 절절함을 끌고
십여 년 전 잃어버린 선물은
아직도 여섯 살 웃음으로 펄럭이는데

생의 두루마리를 함께 풀며 간다는 것은
끊어지기 전에 당기는 힘을 풀고
늘어진 일상 속 당기는 긴장을 유지해야 하는 것

잠 든 딸아이 이마를 쓰다듬으며
놓치지 말아야 할 것을 놓쳐버린 사람
그날 저녁은 얼마나 어두웠을까 생각해본다

## 농부와 시인

– 조규수 시인의 첫시집 『별이 솟았다』 상재를 축하하며

한 평생 농부를 꿈꾸었다

농부처럼
밭을 갈고
농부처럼
사람을 가꾸고
농부처럼
시詩를 캐냈다

변변한 유산도 없이
든든히 가계家系를 일구어낸
농부의 등 뒤로
꿈을 심은 별들이 솟아났다

별 하나에 흙 한 줌을
별 하나에 친구를
별 하나에 어머니를

때론 비가 되고 바람이 되어
한 알

한 알
심고 가꾸는

온 삶이 시가 되는
당신은
농부이다
진정한 시인이다

# 곡우에 내리는 빗소리

창 너머 산벚 지는 소리 듣는다
차락차락
세필 붓 들어 조금씩
봄을 지우는 소리

창 너머 새잎 돋는 소리 들린다
차락차락
꽃 진 자리 조금씩
초록을 칠하는 소리

차락차락
이마 위로 내리는 곡우의 빗소리
차락차락
내 마음 끌어다 여름을 앉히는 빗소리

## 꼬리에 꼬리를 무는

아버지의 아버지 그 위의 또 아버지
꼬리에 꼬리를 무는
실낱 생애를 더듬어 오르는 저녁
족보처럼 두툼한 줄줄이 비엔나소시지가
툭하고 살을 터트린다
살을 터트려 온몸을 골고루 익히는
살아온 애증의 시간 어디쯤에도
툭하고 터져 나를 익게 만들었던 뜨거운 족보여
밥상을 차리다
괜스레 목울대가 뜨거워지는 저녁
먼 - 산 흐릿한 잔영으로 흔들리는 그리운 이가 있다

# 이 • 복 • 자

국제펜클럽 한국본부 회원
한국문인협회 평생교육위원
한국현대시인협회 부이사장
대한민국동요대상 등 수상

시집 『그가 내 시를 읽는다』 외 5권
동시집 『참나무가 나에게』 외 5권
노랫말동요곡집 『콩닥콩닥 두근두근』 외 1권

☎ 010-9017-4054

## 봄날, 등산객 도둑 외 7편
- 천마산에 시화를 걸고

이 복 자

꽃
잎
향기
잰걸음인가 싶더니

찬바람 긴 수련 끝에 속내 깨끗이 씻고
빠드득 아픈 살을 틔워 내놓은
어디에 눈을 둬야 할지
가득 부신

천지를 향한 공양처럼 소망 담은 빛깔들
곱고도 엄숙한 기도의 푸르름, 향연에
시가 걸렸다

산 중에 핀 글 꽃송이들
등산객, 눈 뚫어지게 감상하다가
시향기 뽑는 소리, 쪽 쪽
새들이 대변하는 사이

안 훔친 척 가네.
시심으로 푹 달은 보약 안고
'시도둑이야~~~' 소리쳐도
그냥 가네.

# 산다, 우주에서

우주, 드넓은 곳
티끌의 티끌보다 작을 테지만
고맙게도 한 자리 잡고
이름에 인생이라는 옷을 입고

그 안에 명상이 살고, 추억도 살고
꿈도 여전하여 설렘도 한 방 차지한다
파릇파릇 희망 돋을 때는 동심도 한 방
노후 설계도 한 방 차지하고

마음과 생각이
드나들 때마다 티격태격, 좌충우돌이어서
추락사할까, 행복이라는 빗장을 걸고
'축복'이라는 살과 뼈로 보호받는 곳

까불까불,
문패가 심장 소리인지라
죄에 귀 밝은 신의 꾸중이 두려워 이따금 회개하며
겁 없는 생명, 우주에 산다.

# 호수 단상 · 1

## - 눈물 · 2

풀을 키우는 눈물은 흐르지 않습니다.
가슴을 맴만 돕니다.
풀이 무성한 가슴은 작은 바람에도 요동이 심합니다.
눈물을 함부로 보이지 말라는
근엄한 진리에 갇혀 풀씨까지 고이 품습니다.
빗소리 요란하면 소리 내어 울고 싶은 밤은 오고
엎드려 통곡한들 흘러가는 것은 빗물일 뿐입니다.
하늘이 또렷이 내려앉는 날일수록
눈물은 반짝이고, 사랑은 익어 거울같이 맑아집니다.
가슴에 물풀을 키우며
눈물로 기다리는 사랑이 있습니다.

# 호수 단상 · 2

- 눈물 · 3

호수에 사랑이 있습니다.
나란히 앉아 고백한 그때
축복의 길로 흘러 고인 눈물이 빛납니다.
기도처럼 간절하게, 소망처럼 영롱하게
호수 수면은 애잔합니다.
그때처럼

호수에 올려놓아 진주로 가라앉힌 사랑,
진실의 둑은 무너질 리 없다고 믿었는데
그날은 왔고 세월이 많이 흘렀습니다.

진실은 호수를 다시 찾은 사람의 몫
오랜 진주, 반쪽의 비밀을 간직한 채
아름다웠다, 그리웠다
수면에 눈물처럼 떠오르는 사랑이 있습니다.

## 호수 단상 ·3
### - 눈물 · 4

순풍의 가락으로 오는 이라면
마음 쓰지 않았으리
집채 날릴 듯, 질풍이 아니었다면
사랑하지도 않았으리
푸른 눈으로 뚫어지게 오는 이

오로지 한 사람을 위해
태초부터 예비한 고독의 깊은 골짜기로
미친 듯 쳐들어 와 빗살무늬로 꽂히는
돌아서면 세상을 하직할 듯 아팠던 사랑,
그를 내칠 일이 아니었다

사랑의 자국이야 황폐한들 어떠리
퉁탕, 우지끈 시끄러운들 어떠리
천둥 번개 같은 전율이었기에
꼼짝 못하고 마음 다 털린

그리움이 잔물결로 우는 호수
길도 없는 안개 속으로 그가 온다
수많은 날 호수를 돌며 기다렸던 사람처럼

젊다, 여전히

참 좋은 한 사람을
꼭 지니고 살고 있다고, 할 말
하고 싶은데 없다, 없다.

# 제주 서우봉 길

하얀 해변 모랫살을 만진 후
까만 현무암 기슭을 끼고
둘레길 아래로 밀려드는 파도, 잠깐 가슴으로 느끼고
야트막한 언덕 청보리밭을 지나
망오름 꼭대기에 오르니 제주가 훤히 보이고
내려오는 길에 석양이 좋아 한참 놀고

만난 팻말의 문구
'인생은 한 번이지만
행복은 셀 수 없기를'

뭉클, 행복이
아기자기 매달려 숙소까지 따라왔던 길

# 다초점 안경

시력이 너무 좋아
멀리 떨어져 있는 사람
옷 색깔도 간혹 감으로 맞추고
오체투지 행렬 이어진 차마고도에서
신의 젖줄도 보고
곧 도착할 듯한 천국을 찾다가 아차 ,
볼 만큼 봤으면 그만 봐도 된다는
계산된 노안, 눈이 무릎 꿇었다.
풀어놓으면 혼수상태인 초점들
안경 안에 가두어 날마다 굿판이다.
강 건너 간 시력을 위하여

# 이 · 인 · 복

<시문학> 등단

시집 『너의 닻 산에 내리고』
『山으로 간 박꽃』
『산에 오르면 산이 아니다』
『山, 그 그림자』
『애먼 길을 가는』
『산이 길이 되어』

☎ 010-8786-3598

## 종이와 학 사이 외 6편

이 인 복

정중동의 군무다
서가 위에 올려놓은 유리병 속
그 궁륭의 세계
저마다 한껏 펼친 날개다
얽히고설킨 삶의 굴곡에서
퍼덕이는 신명이다

가만가만
저 요술램프를 열 듯
뚜껑을 열어 본다
곱게곱게 접었을 마음의 그 무게
순간 꿈틀거린다
마른 날개를 움직인다
한 마리 두 마리 세 마리…
마침내 천의 학이 날아오른다
생명의 숨결로 넘친다

저 아재비폭포[2)]의 겨울
밤새 결빙되는 하얀 숨결을 듣는다

---

2) 경기도 가평의 명지산 기슭에 있는 폭포

산 그림자에 젖은 악우嶽友들의 열정
그 불꽃
그 노래

# 하얀 나이

털렸다
미처 잡지 못한

바늘도둑 소도둑 좀도둑 큰도둑 꼭지도둑 날도둑 떼도둑 밤도둑 낮도둑
밥도둑 산적散炙도둑 씨도둑 신발도둑 시간도둑 생각도둑 초적 산적
해적 마적 공적 친적…

산울타리 위에서 달이 컹컹 운다
거기 나뭇잎들 서릿바람에 떨어지는 눈물
무능에 잉잉 운다
지구라는 숲에서 우물쭈물
빨간 등짐을 멘 녹색 그림자
싸락싸락 눈에 젖는다
거위처럼 어기적거린다
반원이 되어간다

## 북한강

점이다
저 옥발봉 칡덮에서 웅얼웅얼 일어서는
쉴 새 없이 푸른 바람을 적신다
그 아래 도연陶然
한 획인 양 긋고는
유유히 삐쳐 내렸다 올린다
올렸다가는 다시 한껏
삐치되 학이 나는 듯 올려 귀를 세운다

차챠처쳐초쵸추츄츠치

뗏목꾼이 소리를 길게 뽑는다
주막집 색시가 가락을 잡는다
웅혼히 깊은 밤
천여 리 그 절경

# 카피된 입술

식탁 아래 놓인 플라스틱 통이 빨간 입을 벌린다 먹다 흘린 국물이나 밥알이나 찬을 핥는 열정적인 집념 그리고 입술을 훔친 입술 그 혼돈의 냅킨이 마침내 그늘진 벽의 한쪽에서 그 입과 사랑을 시작한다 탑을 쌓는다

빨강 노랑 파랑 하양 검정 입술들 구호를 외치는 그 위로 촛불 횃덩이로 솟는다 어두운 곳에서 모의한 모종의 그 사랑을 비춘다 세종로 지나 청화대 앞 백 미터까지 바람을 몰고 간다 광화문 밤하늘 미리내 파도 소리 난무하다

생생한 현장을 보여주는 벽에 걸린 TV 마침내 식당주인이 리모컨을 집어 든다 "아휴 추워요 이러다가는 밥 굶어 죽겠어요" 텅 빈 식당을 빠져나온 메아리가 어두운 골목에서 익사한다

# 대정성지[3)]

여인은 울고 있었다
태풍에 찢긴
어린 가지와 툇나무 안고
안으로 안으로
모슬포 앞 바다
내내 붉었다

수난하고 부활한 그리스도
두 무릎 하얗게 벗겼다

3) 대정성지 : 남제주군 대정읍에 있는 정난주(마리아)의 묘

## 비금계곡

삼산[4]의 옥수玉水다
은둔의 골짜기 에돌아 흐르는
기암괴석 사이로
연이은 시원의 작은 폭포와 소沼들
저 고생대 신의 소리 들린다
자쟈저져조죠주쥬즈지
가느다란 듯 굵은 듯
촘촘한 듯 성근 듯
두터운 듯 얇은 듯
그 곱고 보드라운 광택
비단결이다
한 필을 대끔 끊어 척 어깨에 멘다
자맥질한다
개구리 눈 까만 보석이다

---

4) 서리산, 주금산, 철마산

## 시집을 태우리라

거실에 벽난로를 만들면 제일 먼저 내 시집을 태우리라 저 보들레르[5]처럼 팔리지 않는 시집을 태우리라 그 불꽃 속에 한 권의 시집이 던져질 때마다 난로는 덥혀지고 거실의 온기가 생강나무 꽃처럼 피어날 때 비로소 나는 껴입은 옷을 벗으리라 한 잔의 소주를 그 옆에 놓은 외롭고 쓸쓸하고 처량한 페이소스는 차라리 사치이리라 노을처럼 빛나던 벽면은 스러지고 마침내 황소걸음으로 물러난 어둠 속에서 타고난 잿불 속에서 책사리야 있을까마는 춥고 고단한 삶은 일순 새색시처럼 있으리라

빛나던 것은 빛을 잃을 때까지
어두움은 어두움을 잃을 때까지
거기서 그냥 침잠하리라

5) 프랑스의 시인

# 이 · 의 · 영

<백두산문학> 등단
제1회 백두산 문학상 수상
글핀샘문학회 회장
서초문학회 회원
한국현대시인협회 회원
백두산문인협회 회원
시집 『길 떠나는 마음』

☎ 010-3502-7187

## 친구에게 외 6편

이 의 영

친구여!
당신은 나에겐 선물입니다.
다른 무엇과도 바꿀 수 없는

아련한 소쩍새 울음소리가
가슴에 숭숭 구멍을 뚫을 때
우리는 만났습니다.

메꾸어 지지 않는 그 구멍을
메꾸어 보려고
벚꽃이 부나비처럼 흩날리는 밤
꽃그늘 아래서 아침을 맞도록
탁배기를 기우리며 날밤을 새웠지요.

친구여!
인생의 굵은 옹이가 맺히는
폭풍이 불 때마다
당신은 내게 항구 같은 피난처였고
곁불 같은 인생행로에 당신이 있어
새벽 수탉의 울음소리를 들으며

지게를 고쳐지고 나설 수도 있었습니다.

65Kg을 지탱하며
70년이 넘는 세월의 고개를 넘어온
기관들이 버겁다고 아우성이 치는 지금이지만
묵을수록 더욱 맛이 깊어지는 포도주 같은
당신이 있기에

남은 날들도 당신의 정겨움에 젖어
'사우思友'을 흥얼거리는 날들이 되리라
생각하며 웃음을 짓습니다.

## 도둑놈

아버지의 뼈와
어머니의 살을
훔쳐서 태어나

아버지의 등과
어머니의 가슴을
훔치며 자라고

아버지의 심장과
어머니의 간장을
강도질하며 살아온 나는

아버지가 돌아가시고
어머니가 작고하실 때
가벼운 베옷 한 벌 입혀드리고
마지막 그분들의 성함까지 빼앗아
차지했으니

나는 천하에 둘도 없는
염치없는
도둑놈!

# 종이학

천 번을 그려보는 정모6)

돌아설 수도
버릴 수는 더욱 없는
그대를 향한 절절한 가슴에 피어나는 접시꽃

학 같은 당신은
학처럼 떠오르고
잡을 수 없는 학

그 간절한 애태움에
나는 종이학을 접습니다.

천 번을 접어도
스러지지 않는 사모思慕

빈방을 넘치는 크고 작은 종이학은
그러나
날지를 못합니다.

---

6) 정모情貌 : 심정과 용모를 아울러 이르는 말.

## 나의 꿈

구름에 가렸던 얼굴 내밀고
낡고 헐은 그러나 설핏한 몽환적인
월광 속에서
나는
강물이 되어 흐른다.

흐르는 강물은
들판을 지나며 황토를 만지고
풀꽃을 피우다
비바람이 불면
관객이 없는
춤을 추기도 한다.

월광이 다시 구름에 가리면
나는
깊은 산속 고사목 위의 부엉이 된다.

부엉이는
밤새
마르고 헤진 조각들을 모아

주물러 촉촉하고 부드럽게 만들다
지치면 하품을 한다.

날은 밝아오는데
나는
깊은 잠에 빠진다.

# 삽시도에서

바다는 무엇이 그리워
잠시도 쉬지 못하고 울까

바다는 하루 종일 보채며
누구에게 무엇을 조를까

바다는 깊은 밤에도
잠들지 못하고 하늘을 우러러
무슨 구원의 기도를 할까

저녁을 넘어 아침이 된다.
파도가 은빛으로 부서지는 바다
바다 속을 뒤지고 있는
고깃배 위에 어부는
바다의 마음을 알까

## 여명에

은하의 별들의
속삭임이 스러지고
부지런한 하루를 시작하는 창문이
하나 둘 눈 뜨고

하룻밤을
깊은 적막의 나락 빠져들었던 영혼이
서서히 일어나며
새로운 한날을
시작하는 시각

접어두었던 기대
놓았던 바램
잊어버렸던 생각들에
풀잎에 내리는 이슬처럼 젖어들고

지나간 날과
다가올 날을 잇는
징검다리 그 위에서
부대껴야할 날일들을 생각하며
두 손을 모은다.

# 산에 들어

산에 들어
눈을 감으니
순간 나는 없어지고

바람이 된 나는
나뭇가지 끝에서 홰치고
계곡물이 된 나는
바위틈에서 옹알이하고

산새가 되어
둥지 속 어린 꿈을
엿보던 나는

그윽하게 풍기는
풀꽃의 향기에 싸인
한 가닥 기류가 되어
푸른 하늘로 오른다.

## 조 · 규 · 수

한국문인협회 낭송문화진흥위원
한국현대시인협회 사무국장
문인협회문학낭송가회 부회장
낭송대회 금상
풀잎문학상
북한강문학상
팔달문학상 수상
시집 『별이 솟았다』 등

☎ 010-4372-5237

## 버스 여행 외 1편

조 규 수

그녀
그녀, 그녀
그녀가 온다

그래
그래, 그래
그래 바로 그 자리

입가에 흐르는 미소
향기롭다
이대로 어디든지
쭈욱 달려갔으면

눈을 감았다 뜨는 사이
빈자리를 찾아
그녀는 떠났다
어쿵!
내 꿈은 물 건너갔다

# 선물

나에게

최고의 선물은

부모님이 주신

긍정적인 삶

<수필>

# 아름다운 과로

조 규 수

과로가 무엇일까? 사전적 의미로는 "몸이 고달플 정도로 지나치게 일함"이라고 하고 영어로는 overwork이라고 한다. 그 형태나 자각 증세는 코피 터짐, 입안의 터짐, 육체적 피로감 그리고 무기력 증세 등 다양하게 나타난다고 하고 심할 때는 몸져눕거나 더 크게(?) 나타날 수도 있다고 한다.

나는 요즘 이 세상에서 가장 아름다운 과로를 보았다. 과도하게 효도를 하다가 입안이 터지고 헤져 병원에서 치료를 받으며 아파하는 것을 보며  아름답고 거대한 과로라는 생각이 되었다.

요즘 나 자신도 정신적 육체적으로 피로가 누적되어 눈이 잘 안보이고 잠을 제대로 이루지 못하고 운전대만 잡으면 하품과 씨름하다 한 발짝도 나가지 못하고 주저앉는 일이 일어나곤 했다 이것이 과로라고는 생각하지 않았고 순간적인 피로감이라고 생각을 했었다. 알고 보니 할일 없는 백수의 위험한 과로…….

토요일 서초동에서 일을 마친 나는 방배동에 살고 있는 우리 손녀와 손자가 보고 싶어 무작정 딸네 집으로 갔다. 7살짜리 손녀와 이제 7개월 된 손자다.

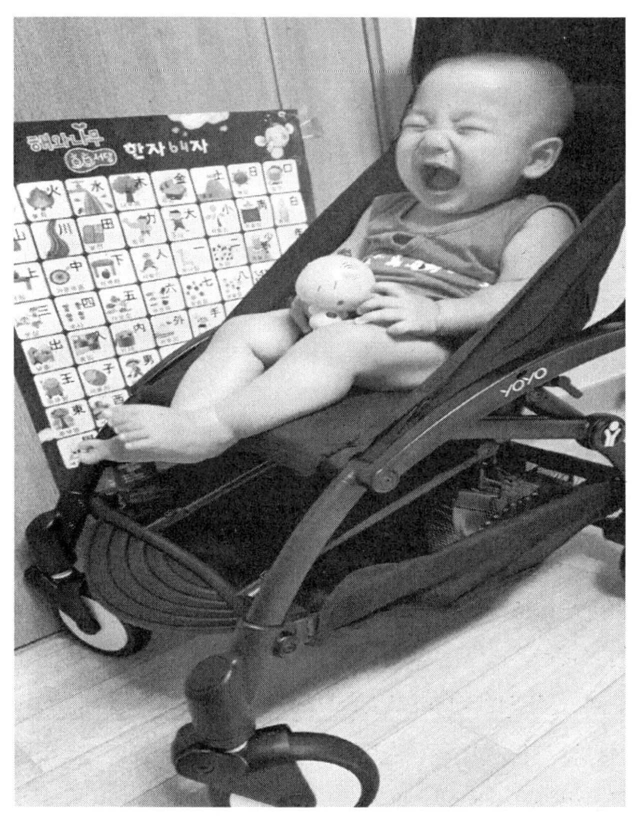


할아버지가 자기의 놀이터라고 생각하는 손녀, 조금은 낯설어 하지만 하루에 두 번 이상 화상 통화를 통해서 친구가 되어있는 손자, 생각만 해도 좋다. 보고 또 봐도 보고 싶은 아이들이다.

두 놈들이 뛰고 기어 다니며 하는 일은 방마다 다니며 온통 난리통을 만들어 놓는 일이다. 그런데 이 날은 다르다. 그렇게 잘 뛰고 잘 놀던 놈이 징징거리기도 하고 투정을 부리기도 한다.

무엇이든지 잘 먹는 아이가 먹지를 못하고 징징거려 병원에 갔더니 의사 선생님이 이리저리 진찰을 하더니 병명이 과로로 인하여 입안이 다 터졌다고 하면서 "이제는 좀 쉬어야 한다."라고 진단과 처방을 하였다 한다. 어린아이들이 태어나 평생 할 효도 중 90%를 걷기 전에 한다고 한다.

우리 손자(황서진) 이놈도 할머니 아빠 엄마 누나에게 효도 하려고 열심히 뛰고 먹고 소리 지르고 말썽을 부려대더니 결국 과로를 하고 말았다. 아이가 과로란다 처음 들어본 말이다. 하지만 의사 선생님의 진단과 처방을 믿을 수밖에 물론 헛웃음은 계속 나왔지만 말이다. '나는 이 아이처럼 부모님에게 효도를 했을까?'를 생각하게 하는 시간이다.

과로로 입안이 터지고 아파하는 7개월 된 아이, 세상에 태어나 효도가 무엇인지 삶이 무엇인지도 모르지만 열심히 뛰고 놀고 모두를 웃게 하여 집안 분위기를 밝게 만든 아름다운 효도의 몸짓 고맙고 또 고맙고 아름다운 삶의 행복이라고 상각한다. 7개월 된 아이의 과로는 나의 무엇과 비교될 수 있을까? 의문을 던지며 답을 구해본다.

## 황간으로 가는 길

나는 황간이라는 낯선 곳으로 차를 달리고 있다. 네비게이션 아가씨가 안내하는 대로 운전대만 잡고 오른쪽으로 왼쪽으로 때때로 브레이크페달도 밟아 가면서 맑은 하늘에 노닐고 있는 구름 만 잡으려 하고 있다.

세 시간을 허겁지겁 달려 황간IC를 빠져나갔다.

전형적인 시골 모양을 갖춘 아름다운 전경들이 나의 눈을 맑고 깨끗하게 청소해 주고 있다. 가로수로 심어놓은 감나무에 격투기 선수들의 주먹만한 감들이 노랗게 파랗게 각자 개성을 나타내며 감나무 팔들이 무게를 견디어 내지 못할 정도로 달렸다 이것이 황간 지역 주민들의 인심을 걸어 놓은 것이라는 생각이 들었다. 나도 닮아가고 싶다. 감나무의 마음과 주민들의 인심을…….

들판에 누렇게 익어가는 벼이삭위로 잠자리들이 풍년이라는 퍼포먼스를 하고 있었다. 아니 외지에서 찾아오는 우리들을 환영하는 그들만의 전통행사라는 생각이 들었다 감사하고 고마운 일이다. 그들의 환영 행사에 빠져들고 있는 사이 눈앞에 '농민문학관'이라는 간판이 보인다. 크지는 않았지만 아담하고, 화려하지는 않았지만 빛나고, 고개를 숙이지는 않았지만 배꼽인사로 찾아오는 사람들을 맞이하는 듯했다.

'농민 문학관', 내가 꿈꾸고, 내가 만들고, 내가 고치고,

내가 가꾸어가는, 나의 꿈이 이런 곳에 이렇게 자라고 있다니……, 감격스럽고 환희에 찼다.

얼른 문학관 수장고를 들어갔다. 수장고 안을 어떻게 표현해야 할지 고민에 빠진다. 내가 알고 있는 수사나 형용사를 다 동원한다 해도 나는 표현할 방법이 없었다.

단 한 가지 쩍 - 입 벌어지는 소리, 사람들 작은 뱃속에 온갖 장기들이 꽉 들어차 있는 것과 같이 온통 책으로 들어차있는 내부. 그러나 자세히 살펴보니 질서가 있다. 귀한 자료에는 각자의 명찰도 달려있고 제 가족 끼리끼리 모여서 일가를 이루고 있다.

알 수 없는 조합들 그러나 그들만의 모임이 빛을 발하는 것이다. 이 모든 것들을 내 입에 넣을 수 있다면 내 뱃속에 담을 수 있다면, 그보다는 눈에 넣어 머리로 전달될 수 있다면 하는 쓸 데 없는 욕심도 부려본다.

오늘 황간으로 가는 길은 나의 헛된 꿈을 만들어 놓고 말았다. 내가 가진 땅 500평 위에 건물을 짓고 그 안에 책을 가득 채워 책이 필요한 사람, 자료가 필요한 사람, 그리고 읽고 싶은 사람에게 넘겨주는 꿈…….

농민 문학관에서 내가 낭독했던 자작시 「새로 쓰는 농업사전 1, 2, 3」 처럼 변해가는 세상 , 발전하는 농촌 문학에 대해서 내가 만든 책방에서 쓰고 싶다.

넓게 넓게…….

# 최 · 명 · 식

<농민문학> 등단
한국아동문학 동화구연아버지 회원
농민문학회 회원

☎ 010-3729-8857

## 도둑놈의 갈고리[7] 외 7편

최 명 식

남의 것 내 것으로 만들려
욕심 부린 적 없느니라
도둑이 제 발 저린다더니
너희들이 도둑질하다
갈고리에 찔리고 나서
도둑놈이란 이름을 붙여주다니
어처구니 없구나

동물에게 매달리어
이리저리 흩어지는
보잘 것 없는 들풀로 살아도
소중한 씨앗 널리 퍼뜨리기 위할 뿐
눈 흘긴 적 없느니라
이 편 저 편 쌈박질 않고
연분홍 꽃 피웠을 뿐이니라

---

7) 도둑놈의 갈고리 : 콩과의 야생 식물. 손톱 같은 열매 끝에 작은 갈고리가 동물의 털에 묻어 번식

## 그리움

귀 기울여 들어 보시지요
지금
보고픈 숨소리 들리시나요

지축을 흔들 듯 뛰는 가슴에
기다림을 채운다면
정령 그리움입니다

가슴속 길을
바람처럼 거침없이 내딛는다면
그건 사랑입니다

잠든 영혼 흔들어 깨워
오롯이 밤을 지새움은
또한 행복입니다.

## 나의 꿈

봄, 여름은 무엇이 그리 바빴는지
꿈 꿀 시간도 쪼개가며 피곤만 했는데
머리가 반백이 되면서
얼마 전부터 꿈을 꾸고 있지

내가 심어 켜 말린
새 쪽박으로
돌 틈 샘물 퍼 담아와
솔가리 향기 불로 끓여
투박하지만 정감 서린 찻잔에
늦가을 따 말린 감국꽃 우려내
한지 창 드리운 달빛 띄워
뜨겁게 엉덩이 잠재우는 구들
앉은뱅이책상 앞에 앉아
손에 잡힌 책장 넘기며
긴 겨울 마시는 솔솔한 꿈

앞산 보이는 산골
낙엽 삭는 내음
함박눈이 하얗게 덮어

삶의 여백을 만들어 놓은
산촌에 살줄치고프다[8].

8) 살줄치다 : 연 날리던 자리를 옮기거나 얼레를 움직여 연실을 풀리게 하다.

# 거문도 동백 숲

싸락눈 다녀간 초겨울
사랑한다는 말 못한
뜨거운 핏방울
겨우내 짙푸른 잎 가슴팍
끈끈히 엉키는 사랑
봄이 오는 길목까지
송이송이 토해내며
수줍게 떨어져 밟혀
온 섬을 붉게 적시는
동백 숲

# 섬진강

산이 깊은 강바람
매화향 질펀히 적시는
금비늘 은비늘 물살로
객수의 가슴 적시네

녹두 장군 칼을 갈았고
두꺼비 떼 왜구倭寇를 쫓았다는
모래 고운 남도의 가경佳境
와도 가도 그리움이네

## 개복숭아 사연

봄비 아슴아슴
산비둘기 울기 시작하면
선연히 피어나는 연분홍 빛
해마다 꽃을 피웠건만
거들떠보지 않는 설움
실바람에도 쉽게 흩날리더니
꽃이 떨어진 그 자리에
다닥다닥 맺힌 열매

는개에 목축이고
봄볕에 살 찌워
미운 정 고운 정 섞어
황소 눈알만한 풋열매
늘어진 가지마다 가득

비가 오다 개인 칠월
아내 따라 온 아낙네들
관절에 효험 있다
허리통증 효과 있다
가지 휘어 한 알 두 알

가지 꺾어 두두 두둑
호호 하하 한 자루씩

꽃 보기보다
설익은 열매 더 좋아하는 세태
돌봄 없이 저 혼자 큰 나무
꺾인 가지엔
진 눈물만 고여 있다

# 허수아비 · 1

얼비치는 가을 햇살 아래
텅 빈 들판 홀로 지키는
허수의 아버지여

혼자 왜 서 있느냐
무얼 생각하느냐 묻지 않고
남루한 옷깃 사이 스쳐가는 바람에
움츠리는 몸

삶은 어차피 고독한 행보
사랑하는 만큼 외롭단다

# 허수아비 · 2

오라 해도 갈 수 없고
가려 해도 갈 수 없어
삭풍에 갈기갈기 찢겨
드러난 초라한 몸
삭신 쑤시는 고통
영악한 새들마저 업신여기는
허허들판
억장 무너지는 속절없는 서러움
떠나간 뒷모습들 기억만으로
아무렇지도 않다는 듯 홀로 버티며
언젠가 찾아줄
사랑 기다리며 서 있다네
시인이여

## 함박눈

그 옛날 찻집이 아니더라도
닫혔던 가슴을 열어
묵은 속내
짙은 마음 우려 마시고
하얀 정 꺼내어
이슬 고인 눈 마주하며
발자국 나란히
끝없이 걸어 가이소

# 현 · 성 · 희

2013년 <문예시대> 봄호로 등단
농민문학회 회원
한국현대시인협회 회원

☎ 010-5023-7191

## 우주宇宙의 선물 외 6편

현 성 희

붉은 꽃이 설산을 뒤덮듯 가슴을 물들이며
나에게 온 너는
내 우주宇宙의 첫 번째 천사
누렇게 익어가는 들판을 가로질러 내 가슴으로 안겨 들어와
힘차게 울어대던 너는
내 우주宇宙의 두 번째 천사였다

작은 천사가 날개를 벗어 던지고
거친 욕 한 마디 내뱉고 나간다
찢기어진 천사의 날개가 붉은 욕지거리와 함께
내 우주宇宙를 잡고 빙빙 돌고 있다

허세와 욕심에 꿈틀되던 꿈돌이
가슴 밑에서 머리끝으로 치고 올라와
붉은 눈물로 쏟아져 내린다

작은 천사들이
작은 손으로 쏟아져 내리는 눈물을 닦아준다
내 우주宇宙보다

더 - 큰 우주宇宙에서 보내준
선물이었다

# 이쁜, 도둑년!

블라인드를 올리는 순간
오늘도
숲을 훔친다

계절마다 풍요로움이 가득한
보물창고

눈과 가슴은
훔쳐도
훔쳐도 행복으로 쌓여만 간다

땅거미 내려오기 전
서둘러 블라인드를 내린다
스쳐가는 햇살의 속삭임에
밤새
숲을 옮겨 버릴까 숨을 죽인다

매일
매일 숲을 훔치는
이쁜 도둑년!

# 한 번만

당신의 시간도
나의 시간도 기약이 없는데
시간은
너무 빨리 가고 있는데
가기 전에
아주 가기 전에
한 번만
한 번만 당신과 함께 할 수 있다면
좋겠습니다

가슴 미어지는 행복이
삶의 한편에서 길을 만들어주며 걸어온
그 길이
당신과 함께 아련해지기만 하는
지금
한 번만
한 번만 당신과 함께할 수 있다면
좋겠습니다.

# 무궁화꽃

나
세상에 처음 나왔을 때
하늘은 하나였는데
땅은 두 쪽으로 갈라져 있고
한쪽은
하나의 이념으로 점철되어 가고
또 한쪽은
수많은 이념들이 자유화라는 깃발과 함께
크게
더-크게
목소리 높이는데 세월을 다 보내니
자유 찾아 내려온
내 - 아버지의 흰머리
그 세월과 함께 깃발아래 쌓여만 가네

언제 가보려나 갈라진 땅 두 쪽 밟고

무, 궁, 화, 꽃
한 그루 심으며

## 해질녘

찬란했던 하루의 시간 보내기 아쉬워
한 줄기
빛 부여잡고

산
끝자락에서 몸부림친다

해질녘 문 앞에
땅거미 내려앉으려 한다
온 - 힘을 다해 밀어낸다

역부족이다

산
끝자락이 추락한다

땅거미가
문 앞에 드러눕는다

# 손님

집 앞
겨울 도로가 젖어있다
아직도 비가 오나
유리문 열고 내다보니
비는 그쳐있다
오늘
나가야 하는데, 다행이다
하고
돌아서 들어오는데
똑!
똑!
똑!
한얀 손님이 문을 두드린다
발목이 잡혀버렸다

## 버스 안, 안내 화면

어둠속을 지나가는 마지막 버스 안
쉼, 없이
화면이 넘어간다
이번 역
다음 역
무거운 발걸음 하나씩
어둠속으로 내려놓으며 떠나간다

가득 놓인 발걸음들
모두 떠나 버리고
버스, 안내 화면
어둠과 함께 발걸음 하나 잡고
덜컹거리며 외쳐댄다

숨, 죽이며
안내 화면에 잡혀있던
발걸음 하나
어둠과 함께 버스 안을 비운다

# 홍 • 재 • 인

<시문학> 등단
한국문인협회 회원
한국현대시인협회 이사
시집 『늘 연습 중』 외 2권

☎ 010-8761-7101

## 길 위에서 · 3

- 지하철 구의역 2016. 5. 18 이별

홍 재 인

푸르던 꿈은 어쩌고

젊은이여 천지간이 봄인데
꽃잎처럼 떠나시는가
그처럼 허망히 떠난 그 자리
남은 자들이 올린 흰 국화가
슬픔으로 하얗게 시들고 있다오

우린 여기 남아 어제처럼
학교로 일터로 집으로
그 지하철 타고 내린다네 바람처럼
많은 사람 찾아와 슬픔을
꽃과 편지글로 배웅을 한다오

"미안해요 못 지켜줘서
못 다한 꿈 그 곳에서 꼭 이루어요
슬프다 정말 슬프다
새가 되어 훨훨 자유로이 날아다녀요
하늘나라에선 제 때 식사해요"

2인 1조 거짓말 또 거짓말
19살 청년 가방 속엔
주인 잃은 푸른 공구들
모자라던 시간이 정지된 아픔과
때를 놓친 컵라면 한 개

먹먹한 이 세상
우린 또 성냥갑 같은 집으로
어둑어둑 다리를 끌고 와
식탁에 앉아 때에 밥을 먹는
아 부끄러운 허공이여

# 덕혜옹주의 눈물 저고리

시간이 정지된 마른꽃이다
나라를 빼앗긴 흑백사진 속 소녀
옹주의 복식 7점 반환 기사
박제처럼 갇혔던 슬픈 역사 90년
옷섶에 얼룩져 숨어있던 눈물
실어증 정신쇠약 건널 수 없던 바다
구국청년단의 구조까지
삭정이가 된 37년 아픔이다

옷고름 치마끈 동여매며
영혼만은 도둑맞지 않은 채
그 빛깔 문양 조상의 얼
국립 고궁박물관에 돌아와 쉬고 있다
조국이여
연꽃 수놓고 금박 찍힌 홍색치마
진분홍 저고리 연두색 당의 곱게 입혀
창덕궁 푸른들 회화나무에 그네 매어
열세 살 옹주의 넋 새처럼 날게 해주오
소리 내어 웃게 해주오

## 제주도가 나를 붙든다

한 칸 사글세방 바다가 보이는 창
냄비 하나 밥그릇 둘 수저 두 벌로 족한
그렇게 같이 살자고 붙드는 사랑
나도 그런 신접살이 차리고 싶다 소꿉놀이처럼

2박 3일 짧은 해후
몇 번을 왔건만 우리의 사랑은 겨우 2박 3일
사계절 일 년만 너와 같이 살았으면 그랬으면
산과 바다와 숲길과 바람과 돌과 같이

1700고지 윗세오름 오르는 계단
한라산 설경은 천국으로 가는 듯
찬 눈 머리에 이고 마중 나온 병풍바위
수천 년 그 위엄의 정기 앞에 눈을 씻고
구상나무 군락지 눈꽃 잔치에 머물은 하루

세계에서 찾아오는 큰 가슴 제주도
나비처럼 또 오라고 자주 오라고
가난한 시인의 가슴에다 풍경을 달아준다
그 청아한 소리 들리면 구름 타고 달려오란다
그때는 꼭 일 년만 같이 살자고

# 관계

하얀색에 하늘빛 페인트를 푼다
비둘기 색이 됐다
위 아래 가로 세로 붓이 지나간다
상처나고 베껴지고 얼룩진 문짝
한 겹 두 겹 덧칠로
제 모습 치유가 된다

안부도 묻고 싶지 않은 벽
이념의 갈등
함성의 광화문 거리 가을 겨울 봄까지
촛불과 태극기로 끊어진 다리가 되어
시들고 말라버린 관계
언제쯤 투명한 유리처럼 진실을 볼까

아, 문밖 오월은 저리도 푸르른데

# 먹물꽃 · 2

어린 아이 눈망울
말속엔 천상의 꽃이 핀다

돌도 천년이 되면 돌꽃을
한겨울 강물 얼음꽃의 신비

나뭇가지 은빛 상고대
밤비도 연잎 위 꽃 그림을 그린다

고향집 언덕 오동나무
천년의 가락 품으며 나이 들고

목여당 벼루는 붓과
해를 더해

먹물 흠뻑
화선지위 먹물꽃을 핀다

# 도둑을 막지 못했다

도둑이다

떡갈나무 새순 피는 아차산 자락
딱다구리 아카시아 꽃내음 알리는 산길
계절마다 새로운 물감 적셔 붓칠하며
한 점씩 풀어놓는 산 수채화
그 뒤 따라오는 하늘빛 시어들
다 도둑 맞었다

회색이 돼버린 창밖
가까이는 7층 상가 건물
멀리는 20층 아파트가 철의 장막같이
꽃내음도 새소리도
땅거미 지는 능선 초승달까지
다 훔쳐갔다

어디에서 찾을 건가
매일 보여지던 오랜 친구 같은 산 노을
비 오는 산 나무들이 비 맞는 즐거운 소리
눈 쏟아지는 겨울산 숨은 이야기들

수 년 바라보던 피안의 동산
어쩔거나

아 내 유리창은 소경이 돼버렸다

## 조물주의 선물

멀리 보고
깊이 들여다보고
비워내면
선물 아닌 것이 없다

아스라한 줄
끊어지지 않는 한

## 추모 특집

# 박 • 희 • 철

<월간문학>으로 등단
사람과 시 동인 역임
시집 『팔영사람』 등

# 선물 외 6편

박 희 철

충북 보은군 속리산면 만수리 27
만세암 돌담가에 꽂아 둔
<흥선암 말기> 현수막이
불어오는 센 바람에 날리어 천황봉 높은
낙락장송 가지 위에 걸렸다

하늘을 대신하여 국립병원 고명하신 박사님이
지어주신
너무도 크고 벅찬 선물을 껴안고 아내와 나는
가슴이 터질 것만 같아
몇 날 며칠을 두 손을 모았다
모은 손가락 사이로 흘러넘치는 강물에 떠밀려
산수 좋고 공기 좋은 이곳까지 왔다
열심히 착하게 살았노라 자부했는데

어제도 오늘도 천황봉의 그 선물을 찾아서
산을 오른다
어제보다 조금 더 있는 힘을 다해서
오르고 또 오른다
가슴속에서 밝게 빛나야할 건강이란 희망을 찾는
그날을 향하여

# 도둑

방안 깊숙이 놀러온
동짓달 밝은 햇살
해살거려도 날마다 한 뼘씩
내 생을 잘라간다

# 산다는 것은

남한강변을 달린다
뽀얀 아지랑이가 강물 위로 봄을
실어 나르기 바쁘다
하자포리 물굽이 안고 돌 때 강가의 버들개지
여린 촉수 뻗어
봄의 질량을 잰다
키재기 눈금 앞에 아이들을 세우고
푸른 하늘을 향해
꿈과 희망을 노래한다
산다는 것은
바람처럼 지나간 날들의 흔적으로
그리는 나이테
달려올 날들의 파문을
그리는 질주

# 빛과 그림자

삼월의 따스한 햇살이 손등을 간질이는 한낮
문득 그리움이 파도처럼 밀려온다
창밖을 바라본다

담벼락에 진한 그리움으로 다가서는
한 그루 목련나무의 긴
한숨을 들으며

진한 그리움으로
까맣게
멍들어가는 다른 내 가슴을 본다

다시 쓰나미로 밀려오는 그리움
멀리 멀리 얄밉게 달아나며 손을 흔드는
잡으려면 손가락 사이로 빠져나가는

신기루 같은 내 그리움을
생각한다

## 숲길 이십 리
### – 마곡사麻谷寺

짙푸른 송해松海 이십 리
한 줄기 거센 파도가 유년의 추억을
밀고 온다
손수건 가슴에 달고 쫓던 송사리 떼
아직도 몸 빠르게 움직인다
해탈 문을 건너 법계로 든다
천수관세음을 닮은 좌송座松은 천수경을
바람결에 띄우고
허공을 날던 목어는 발뒤꿈치를 물고
늘어진다
'욕심은 놓고 가시지요'
털어내지 못한 티끌들이 몸속
구석구석으로 숨는다
땅거미 내리는 너럭바위엔
자장율사 춤추는 모습 아련하다
짙푸른 송해松海 숲길 이십 리

## 음지
- 6번 도로 새길

산의 갈빗대를 때리는 장비의 굉음이
석 삼 개월 신음하던 자리
산자락은 무너져 내리고
각선미를 뽐내는 교각

"넓은 새 길이 너무 좋네요
이십 분 거리를 벌써 왔잖아요"
"무슨 소리, 저 건너 길가에 엎드려 우는
집들을 좀 봐요"

차림표 곱게 걸고 새색시마냥
가슴 부풀어 있는데
자로 잰 듯 곧은 길로 차도 꽃바람도
쏜살처럼 달려가는
저 야속함을 보라고
굽은 도로 위로 산그림자
길게 눕는다

# 용문산 · 5

쫓기던 여름의 발길질에 주저앉은
풀들의 잔해 위로
지나온 내 삶이 스친다

몸 구석구석 흐르고 있던 열정이
식어가고
이 숲길처럼 타오를 나의 노을은
어떤 빛으로 한 몸 불사르고
후회 없이 놓을 수 있을까

유난히도 피를 토하고 서 있는
붉나무
잎을 따서 해를 본다
온 세상이 빨갛게 탄다

# 박희철 시인 추모시

# 희철이 형을 보내며

김 용 언

천둥소리 요란하고 소나기 쏟아지더니 희철 형!
먼 길 떠났다

돌아오지 못할 길인 줄 알면서도
뒤돌아보지 않고 손 흔들었다

무엇이 그리 급한지 눈길 한 번 주지 않고
어둠속으로 몸 감췄다.

떠나는 사람이야 흙으로 돌아가면 그만이지만
형을 바라보는 우리는 뜨거운 눈물이다

하늘이 부르면 간다 하던 말
설마 했는데 웃으며 먼 길 재촉했다
사랑하던 피붙이와 문우를 곁에 있는데
덤덤하게 어둠과 손을 잡았다

인생이란 소풍 나온 것이라 하지만
우린 인간인지라 눈물 뿌리며 형을 부른다

바보 같은 짓일지라도 형이 남긴 체온 어루만지며 눈물 흘린다

하늘이 어느 날 문득
날 부르면 달려가겠다 하더니만
고맙다, 고맙다 절하며 갔다
참으로 냉정한 사람

그러나 어찌하랴 회자정리會者定離라는데
형의 발길 위에 꽃잎이나 뿌릴 수밖에…

# 그 후

김 영 숙

선생님 마지막 뵙던 모습
그 온기 아직 손끝 마디마디 따듯합니다
무덥던 여름과 함께 손 흔들며 가신 후
이 가을 아름다운 단풍으로 오신 것을 전 잘 압니다
앞산과 뒷산 가로수 잎새마다 선생님의 따듯한 미소가
단풍불로 옵니다
선생님 계신 곳은 얼마나 더 아름다운가요
무척 궁금합니다
아마도
사계절이 함께 어우러져 천사들이 춤추고 노래하는 곳이겠지요
그 계절 한 자락씩
저희들이 보고 싶을 때마다 드문드문 떨구어 주십시오
낙엽이 질 때나 눈이 올 때나 봄날 눈부신 꽃이 필 때나
선생님이 함께 오신 것 잘 알 수 있게요.
그곳
좋은 분들과 만수무강하시길 간절히 빌며
봄, 여름, 가을, 겨울 잊지 마시고 좋은 소식 꼭, 보내주소서

- 2017년 10월 30일 김영숙 올림

# 더 가벼울 것이 없기에

박 강 남

가본 적 없는 죽산
그 마을 지나
낯설고 나른한 오후 시간이 팽팽하기만 한 것은
글벗 한 분
삶과 죽음이라는 경계에 초연하게 서 있기 때문

살기 위하여
너 나 없이 아슬아슬 줄타기를 하지만
이미 모든 것을 내려놓았기에
바라보기가 더 힘든 것

담담하고 의연한 벗님 앞에
내가 할 수 있는 말이 없다

습자지같이 얇은 숨결

더 가벼울 것이 없기에

2017. 7. 30.

## 맑고 깊은 눈을 가진 이여

이 복 자

맑고 깊은 눈과
입이 무거운 이가
익숙한 철학으로 생을 다스리시더니

세상을 하직하겠노라고
익숙한 철학으로 말을 꺼내시더니
사람들이 좋아 행복했다고
행복한 세상을 살았으므로 미련없이 가겠다고

태연히 말을 남기고
야속하게도 맑고 깊은 눈 감고도
영정 속에서 여전히 입 무거운 이로
행복했노라고 웃음 보이더니
아주 가셨네

가실 것 같지 않던 이가
빨리 가실 것 같지 않던 이가
아주 가신 날은 서러워 울었네
그의 철학이 밀물로 덮쳐 더욱 울었네

철학처럼 시를 노래하고
꺼내놓은 말들이 있고
남겨둔 점잖은 행적이 있어
빈자리 아물지라도 오래 기억하리오

함께 하신 인연이
당신께 차마 잊지 못할 행복이셨다면
하늘에서도 편히 거하소서, 맑고 깊은 눈으로
생시처럼 철학을 누리소서, 입 무거운 삶으로

박희철, 이름도 무게 있는 이여
유난히 눈이 맑고 깊었던 이여

# 시벗 영전에 향을 피우며

최 명 식

글핀샘 시벗 박희철 회장이여
하늘이 부르신다면
기꺼이 오르리라 하시더니
다투던 병마의 등짐 내려놓고
영겁의 길을 묵묵히 가셨군요

주고 간 깊은 정情 조각들이
울컥 설움으로 북받쳐
옷섶 여미지도 못하고
강물처럼 울었습니다
산처럼 울먹였습니다
들풀 한 포기 나무 한 그루 흙 한 줌
시어로 다듬어
사랑으로 색칠하시던 벗이여
도라지 꽃 아리디 아리게 핀
팔월마저도 다 채우지 못하고
홀연히 이승을 떠났기에
응결된 아픔이 가슴팍을 찌릅니다

박희철 시벗이여
한 생애 애달픔 헤아릴 길 없으나
온화한 그 미소와
선하 디 선한 눈빛만은
영영 지워지지 아니하리니
간절한 마음으로 영전에 향을 피우며
정중히 명복을 빕니다

# 삶

조 규 수

삼신할미의 선택을 받아

하늘이 낳아주고
땅이 보살피고
부모의 꿈으로 자라나

아름다운 사랑으로
고운 연결 고리를 만들고
길게 길게
그 끈을 이어 가려 하는 삶

그러나, 다시
하늘의 부름으로
인연의 끈을 삭혀 내고
왔던 곳으로 돌아가야만 하는 삶

누가 먼저가 아니라
모두가
웃으며 찾아가는 곳이었으면 하는 곳

먼저 가신 박희철 회장님께서
그곳에 꽃을 피우고
사랑의 향기를 피우고 계시면
모두가 삶을 접는 날 그곳에 한데 모여

다시 한 번, 아니, 영원히
글핀샘문학회 낭송회를 열기를
기대합니다

따뜻하고 아름다운 곳에서 새로운 삶을 영위하소서

# 시몬에게

이 명 진

하얀 국화 꽃송이 속에서
카메라 둘러메고 활짝 웃고 있는
시몬에게
검은 옷 차려입고 절을 한다

말 잘 듣는 학생처럼
하늘이 부르면 큰 소리로 대답한다던
시몬에게
검은 옷 차려입고 눈물 흘린다

저쪽과 이쪽의 경계 밥상을 앞에 두고
차오르는 눈물 잔에 따라
벌건 육개장과 눌린 고기 말없이 씹으며
시몬을 보낸다

한 시절 같이 한 추억들의 검은 옷들은
자꾸자꾸 밀려오는데

짐을 내려놓듯 비는 쏟아지고
짐을 내려놓듯 별빛으로 올라간

시몬이여
하늘 한 자락에 새로운 문패를 걸고
다시 태어나기를

조등弔燈을 달고 달려가는 검은 바퀴에 아우성치는 빗방울들이 도서의 국립중앙도서관 출판예정도서목록(CIP)은 서지정보유통지원시스템 홈페이지(http://seoji.nl.go.kr)와 국가자료공동목록시스템(http://www.nl.go.kr/kolisnet)에서 이용하실 수 있습니다.
(CIP제어번호 : CIP2017032859)

2017년 글핀샘문학회 엔솔로지 25집
접어두었던 기대

초판인쇄일 : 2017년 12월 20일
초판발행일 : 2017년 12월 25일

발 행 인 : 이의영
편집위원 : 이복자, 조규수
홈페이지 : http ://cafe.daum.net/KULPINSEAM
전 화 : 010-3502-7187

---

인 쇄 처 : 도서출판 문학공원
주 소 : 서울 은평구 통일로 633 녹번오피스텔 501호
(우편번호 03382)
이 메 일 : ksj5562@naver.com
전 화 : 02) 2234-1666

* 잘못된 책은 교환해드립니다.
* 정가 10,000원